À Marianne
À Mathieu

Remerciements des auteurs :

Nous tenons plus particulièrement à remercier :
Tous ceux qui nous ont donné leurs belles photos et prêté leurs jolis sourires, et sans qui la réalisation des pages d'albums présentées dans cet ouvrage n'aurait pas été possible.
Les élèves des Ateliers de Bianca et tous ceux qui au fil des pages, ont encouragé notre créativité.

L'éditeur remercie :

GENEVIÈVE LETHU pour le prêt des coupelles photographiées p. 10-11 et de la vaisselle photographiée p. 66-67.
Renseignements et points de vente : 05 46 68 40 00.

L'ART DU PAPIER pour le prêt des carnets photographiés p. 42-43.
48, rue Vavin, 75006 Paris, 01 43 26 10 12
16, rue Daunou, 75002 Paris, 01 42 61 70 64

Direction éditoriale : Christophe Savouré
Édition: Gaëlle Guilmard et Christine Hooghe
Direction artistique : Danielle Capellazzi
Conception graphique et mise en page : Sandrine Edery
Couverture : Laurent Quellet
Fabrication : Marie Guibert et Fabienne Guévara
Crédits photographiques : Christophe Rottier (photos étapes pp. 12 à 41, 44 à 65 et 68 à 79) ;
Olivier d'Huissier (ambiances pp. 6 à 9, 10-11, 42-43, 66-67 et couverture).

Photogravure : IGS-Charente Photogravure
Imprimé par Pollina - n° L94238 - France

Dépôt légal : août 2004
ISBN : 2-215-07632-1
2e édition - n° 92417

15/27, rue Moussorgski
75895 Paris Cedex 18

MARTINE CARLIER

SCRAPBOOKING

Mettez en scène vos photos

MARIE-SOPHIE SIMON

FLEURUS

Sommaire

Je suis Billy the kid. Gare à vous Peaux-Rouges !
À l'attaque visage pâle
Plume Invisible est le plus fort. Plume Invisible a gagné !
Allez, libère-moi, c'est l'heure du goûter !

Matériel et conseils

Le scrapbooking est un loisir venu des États-Unis, où le nombre de passionné(e)s ne se compte plus. Si à l'origine le travail du scrapbooking consistait principalement à agrémenter les pages d'album d'un décor autour de photos laissées entières, la technique a aujourd'hui évolué. Influencée par l'esprit européen, l'approche de cet ouvrage repose d'avantage sur la découpe des photos et la mise en scène de ces dernières sur une page d'album.

Lire une image

Souvent, l'utilité de couper une photo est de supprimer les parties les moins belles ou de focaliser un élément particulier. Mais quelle forme de découpe adopter et comment couper ? Le principe est simple : c'est la photo qui, au départ, doit retenir toute votre attention. Il faut avant tout « lire » l'image. Avant de vous lancer, observez bien l'ambiance générale du cliché et relevez ce qui vous semble important au premier plan ou à l'arrière-plan.

C'est souvent l'image elle-même qui dicte la nouvelle forme à donner aux photos. Pour un sujet doux, choisissez des découpes arrondies. En revanche, pour des sujets plus toniques, préférez des formes rectangulaires ou triangulaires. La présence d'angles dynamise la mise en page, mais elle est aussi plus « dure ». Les découpes plus classiques, en rectangles ou carrés, sont suffisamment neutres pour autoriser un décor de la page qui viendra rehausser la photo sans la noyer dans un excès de détails.

Le matériel de base

Les photos

Le format standard 10 x 15 cm sans bord blanc est le plus approprié au scrapbooking. Ni trop grand, ni trop petit, il autorise de nombreuses découpes et permet de grouper plusieurs vues sur la même page. Le tirage « brillant » est généralement plus flatteur.

Les albums photos modulables

Ces albums sont constitués de pages individuelles qui s'assemblent à volonté grâce à des vis ; l'album fini sera de l'épaisseur de votre choix. Ils vous permettent non seulement de construire vos pages à plat (ce qui vous autorise à vous tromper puisque vous pouvez toujours recommencer…), mais aussi de choisir la séquence de photos qui vous inspire et travailler dans l'ordre qui vous plaît. Vous assemblerez les pages dans l'ordre de votre choix au moment du montage. Les pages pouvant être de couleurs différentes, vous apporterez encore plus de diversité et d'originalité à votre album.

Certains albums permettent de présenter les pages dans des pochettes en plastique individuelles. Ainsi, elles sont à l'abri des traces de doigts et supportent mieux les manipulations. C'est un avantage lorsque vous voulez protéger une mise en page fragile composée de multiples petits morceaux. En outre, cela vous permet de personnaliser la couleur de fond de votre page en la confectionnant vous-même si les coloris disponibles dans le commerce ne vous conviennent pas. Veillez cependant à ce que les papiers employés soient toujours non acides (voir p. 8).

Les papiers de couleur

Le plus souvent, ils sont employés en papiers de fond pour animer une mise en page (voir p. 30-37). Le choix des couleurs ne tient qu'à votre fantaisie, mais il doit principalement être en harmonie avec les clichés retenus. Les couleurs peuvent donner un effet de continuité : le bleu foncé des bords de mer, le vert tendre de la nature, la couleur « ocrique » qui rappelle les tons d'automne, les boiseries intérieures… Notez que le rouge, le jaune d'or, le rose fuchsia sont très utiles, car on les retrouve fréquemment dans les éléments vestimentaires ou décoratifs ainsi que sur les photos de jardins en fleurs. Procurez-vous un éventail de papiers de couleur suffisamment large pour ne jamais en manquer au moment voulu.

Vous trouverez également dans le commerce des papiers imprimés spécialement conçus pour le scrapbooking. Ils apportent un agrément décoratif très intéressant, notamment pour la mise en page de photos d'enfants. Mais attention : veillez toujours à ne pas noyer vos photos dans un excès de couleurs ou de dessins.

Les outils de découpe

Pour démarrer, le matériel est simple. Une bonne paire de ciseaux et quelques pochoirs ouvrent déjà de vastes horizons à la créativité. Vous vous équiperez ensuite progressivement d'outils plus spécifiques.

Les outils de base

Les ciseaux droits

Choisissez une paire de ciseaux d'excellente qualité, de taille moyenne, confortable à votre main et réservez-la exclusivement à vos travaux de scrapbooking.

Sachez qu'il existe aussi des ciseaux adaptés pour gauchers ! Pour effectuer des « détourages », utilisez une petite paire de ciseaux à bout pointu, type ciseaux à broder (voir p. 38).

Les pochoirs

Ils sont très pratiques, car ils permettent de tracer très précisément les traits de coupe sur une photo ou un papier de fond. Ils sont généralement présentés en planches sur lesquelles figure une forme à différentes tailles, ce qui est très utile pour choisir celle qui sera la plus adaptée à votre recadrage. Ces pochoirs sont disponibles dans une grande variété de formes, mais sachez que vous pouvez aussi les réaliser vous-même (voir p. 24).

Le massicot portatif

C'est l'outil indispensable. Il vous aidera à réaliser toutes vos découpes rectilignes en respectant les angles droits. D'une utilisation très simple (voir p. 12), ses nombreuses graduations dans les deux dimensions vous évitent de prendre des mesures préalables au crayon. Vous le trouverez en deux tailles, 20 et 30 cm, mais il est préférable d'opter pour le plus grand modèle qui offre plus de possibilités. En effet, il possède une règle escamotable très pratique. Dans les deux cas, la lame est très facilement remplaçable.

Astuce

Si vous voulez économiser vos lames, réservez-en une pour les photos, et une autre pour le papier.

Le cutter

Optez de préférence pour un cutter ou un stylet dit « de précision ». Doté d'une petite lame, il est très pratique pour effectuer des découpes impossibles au massicot.

Le tapis de coupe

Incontournable pour toutes vos découpes au cutter. Petit ou grand, il prendra vite la place de votre sous-main ! Sa surface « autocicatrisante » permet au tapis de rester intact en toute circonstance. Nettoyez-le régulièrement pour ne pas salir vos photos ou vos papiers de fond.

Des composants non acides

Il est très important d'utiliser exclusivement des matériaux sans acide, au pH neutre. En effet, l'acidité prolonge le développement des photos et les fait jaunir inévitablement.
Ainsi, vos pages d'albums devront impérativement être certifiées sans acide. Vous choisirez également de la colle aux solvants appropriés pour la conservation des photos (voir page ci-contre). Soyez également prudent(e), en choisissant vos papiers de couleur. N'utilisez jamais ceux que vous avez déjà chez vous si vous n'en connaissez pas la nature : une petite dépense supplémentaire vous évitera bien des regrets par la suite ! Enfin, si un papier vous plaît mais que vous doutez de sa qualité, vous pouvez le scanner (si vous disposez du matériel), puis l'imprimer sur un papier à pH neutre.
À noter, on trouve dans certains commerces des crayons testeurs de pH qui permettent de vérifier rapidement si le matériel que vous souhaitez utiliser est « inoffensif » pour vos photos.

Les outils spécifiques

Les ciseaux fantaisie

Ils existent dans une grande variété de tailles (courts, longs, larges) et de formes. Utilisez-les pour varier le style des bordures de vos papiers de fond (voir p. 34).

Les ciseaux d'angle

Ils permettent d'agrémenter les angles de vos photos et papiers de fond à votre guise. Chaque modèle offre quatre possibilités de découpe complémentaires, selon le sens où l'on tient les ciseaux et la profondeur avec laquelle on enfonce la photo ou le papier dans son encoche (voir p. 16 et photo ci-dessous).

Les perforatrices fantaisie

Disponibles en une variété infinie de thèmes et de tailles, ces ingénieux petits emporte-pièces permettent d'obtenir, d'une simple pression, des figurines à la découpe parfaite : les « punches » (terme anglo-saxon désignant la forme de papier).

Certaines perforatrices permettent aussi de réaliser des ronds de différents diamètres ou des carrés. Pour les perforatrices à la découpe plus travaillée, il suffit de prendre le coup de main : retournez la perforatrice et appuyez avec la paume de la main en exerçant une pression un peu plus importante que pour les perforatrices classiques (voir p. 72).

Astuce

Après une utilisation prolongée, il arrive que le système se grippe un peu. Perforez alors plusieurs fois de suite un morceau de papier de verre : cela aiguisera l'emporte-pièce.

Les autres systèmes de découpe

Les cutters ovales et ronds

Ces petits outils permettent de choisir le diamètre exact de découpe de vos photos ou de vos papiers. Néanmoins, ils sont d'un emploi délicat et exigent un peu d'entraînement.

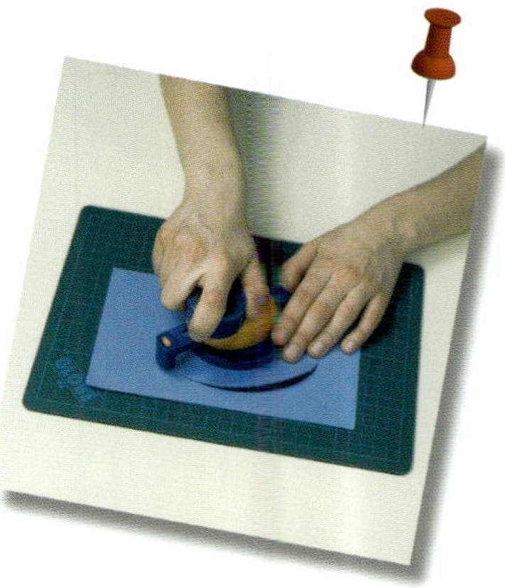

Les pochoirs rigides et cutter à tête pivotante

Ces plaques de plastique perforées de rails concentriques autorisent le passage précis d'un cutter à tête pivotante. Elles remplacent avantageusement les pochoirs (de forme simple) et permettent d'obtenir une coupe extrêmement précise. Notez que vous ne pouvez avoir qu'une seule forme par plaque.

Le cutter à « silhouetter »

Ce petit appareil rond également muni d'une lame tournante permet de découper précisément un motif en suivant le contour de pochoirs rigides. Il est idéal pour couper des papiers de décoration.

Les adhésifs

Les adhésifs pour photos sont très nombreux. Il est donc indispensable d'en essayer plusieurs avant de choisir celui qui vous conviendra le mieux. Toutefois, veillez toujours à ce que la mention « sans acide » figure sur l'emballage.

La colle en tube

Économique, elle s'utilise comme n'importe quelle colle liquide. Elle reste cependant d'un usage délicat : veillez à l'utiliser avec parcimonie pour éviter les taches.

Le boîtier d'adhésif double-face

C'est le nec plus ultra du matériel : très pratique, il retire automatiquement le support protecteur au moment de l'application. Constitué de petites languettes de 1 mm de largeur, l'encollage est rapide et précis puisque, d'une simple pression, vous déposez le nombre exact de languettes souhaité.

Le distributeur de mini points de colle

Il est conçu sur le même principe que le boîtier et est très pratique lorsque l'on veut encoller des morceaux très fins de photo ou de papier. Préférez la colle permanente à celle repositionnable, car cette dernière n'assure pas une tenue suffisante dans le temps.

La machine à autocollants

Il s'agit d'une petite machine qui mérite d'être mentionnée. En un simple tour de manivelle, elle permet de transformer n'importe quel support de papier en un autocollant ! C'est un moyen facile et rapide d'encoller des papiers de fond ou des figurines découpées avec des perforatrices fantaisie.

Tracer et écrire

Le crayon à papier

Il est utile pour tous les tracés et les repérages sur les papiers de fond. Ayez la main légère et préférez plutôt une mine sèche, type 2H, qui se gomme facilement.

Le crayon « aquarellable » (spécial verre et porcelaine)

Il permet de tracer le contour d'un pochoir directement sur la photo. En cas d'erreur, il s'efface facilement à l'aide d'un chiffon doux (type tee-shirt en jersey de coton) sans laisser de traces. Taillez-le souvent pour que le tracé soit toujours impeccable, précis et discret.

Conseil

D'une manière générale, évitez d'utiliser les stylos à bille, sauf pour les imbrications (voir p. 17 et 21). Dans ce cas, c'est en effet la photo elle-même qui sert de gabarit de traçage ; le crayon aquarellable, lui, laisserait des traces grasses sur le bord de celle-ci.

Les stylos à encre gel

Grâce à leur encre opaque sans acide, ils sont très utiles pour écrire vos commentaires directement sur les pages d'album, même foncées. Ils apportent une touche de fantaisie ou de raffinement selon la couleur choisie.

Les feutres de calligraphie

Ils existent dans toutes les couleurs. Leur pointe rectangulaire permet de former des lettres avec pleins et déliés. Comme toujours, veillez à ce que l'encre soit sans acide.

Quelques conseils d'organisation

Classer ses photos

L'important est d'avoir facilement accès à l'ensemble de ses photos. Pour cela, retirez-les de leurs pochettes et classez-les dans une boîte en carton adaptée (type boîte à chaussures). Rangez-les chronologiquement, séparées par des intercalaires sur lesquels vous inscrirez vos souvenirs aussi précisément que possible. Cette méthode vous permettra de retrouver aisément la séquence de photos que vous souhaitez mettre en page, le moment voulu.

Ranger le matériel

Rangez tout votre matériel à plat dans des couvercles de boîtes en carton. Triez-les par genre (perforatrices, ciseaux, stylos etc.). Ainsi, vous repérerez plus facilement l'outil recherché. Les couvercles remplis à plat sont facilement empilables. Les mallettes de bricolage à compartiments multiples sont également une solution pratique lorsque l'on a beaucoup de matériel à stocker.

Faire place nette

Avant de commencer une page d'album, prévoyez suffisamment de place. Dégagez votre plan de travail et réunissez tout le matériel nécessaire. Ne négligez pas non plus l'éclairage.

Constituer une boîte à chutes

Qui dit « coupes » de photos dit aussi « chutes ». Récupérez-les : vous serez toujours content(e) de les retrouver pour la réalisation d'autres pages (voir p. 63). Dès le départ, prévoyez une boîte à chutes « photos » et une autre « papiers ».

Les premiers pas

Aiguisez votre regard et apprenez à tirer le meilleur parti de vos photos de famille, de vacances ou de voyages. Recadrage, découpe selon des formes simples, détourage, ajout de décors en papier de couleur… les bases du scrapbooking n'auront bientôt plus de secrets pour vous. Alors n'attendez plus pour dynamiser vos mises en pages et personnaliser vos albums !

Des rectangles et des carrés

Réduire la taille d'un cliché, tout en conservant
des angles droits, améliore de façon discrète le cadrage initial.
Cette technique s'impose d'elle-même lorsque
l'on veut supprimer un détail inutile sur la photo.
Elle permet aussi d'aérer la mise en page
sans trop modifier l'apparence des photos.

MATÉRIEL SPÉCIFIQUE

Massicot portatif

CONSEIL

Les premières fois que vous utilisez le massicot, entraînez-vous avec du papier ou des photos sans intérêt.

Commencez toujours par couper un peu moins que prévu. Vérifiez le résultat avant de l'ajuster éventuellement par une autre coupe. Cela vous évitera d'avoir des remords…

La découpe au massicot

1 Observez d'abord l'image pour déterminer la partie que vous voulez supprimer, puis posez la photo sur le plateau du massicot en calant l'un de ses côtés contre le talon.

2 Rabattez la règle transparente du massicot et faites glisser le cliché dessous jusqu'à faire coïncider la ligne de coupe avec la rainure du plateau.

3 Tout en maintenant le cliché contre le talon du massicot, faites glisser doucement la lame dans son rail. Appuyez suffisamment fort pour ne pas avoir à repasser en sens inverse. Vous obtiendrez ainsi une découpe impeccable.

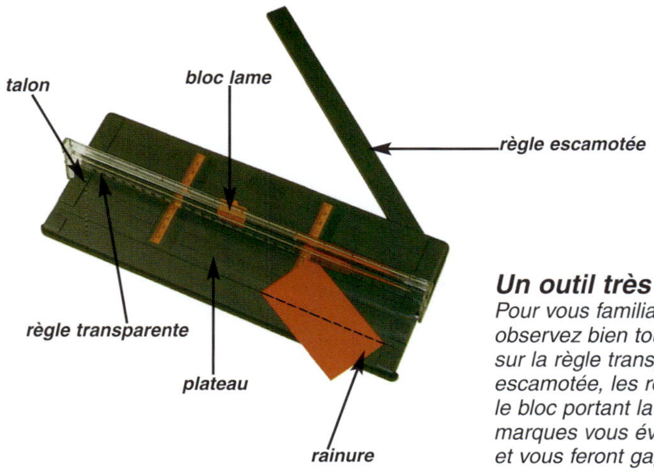

Un outil très pratique !

Pour vous familiariser avec le massicot, observez bien toutes les mesures indiquées sur la règle transparente et la règle grise escamotée, les repères sur le plateau et sur le bloc portant la lame … Toutes ces marques vous éviteront de tracer des traits et vous feront gagner un temps précieux.

Assemblage simple

*C*ette composition très simple se construit avec trois photos rectangulaires recadrées. Des triangles ou des bandes, découpés dans des chutes de photos ou de papiers de couleur, créent un lien entre les visuels principaux.

- Recoupez chaque photo au massicot en centrant les sujets photographiés. Disposez-les dans l'ordre qui vous convient. Les photos étant proches les unes des autres, assurez-vous qu'elles s'assemblent avec harmonie, puis collez-les en place sur la page en les espaçant de 2 mm.
- Pour découper des triangles qui s'ajustent parfaitement dans les angles de la composition, positionnez les photos sur la page en les plaçant à 2 mm des autres. Au crayon aquarellable, tracez 2 repères discrets correspondant à la hauteur et la longueur. Coupez les triangles au massicot (voir p. 15).
- Pour découper des bandes de la bonne taille, tracez les repères de la même manière.

Des rectangles et des carrés

Imbrications de formes droites

Cette construction sobre permet de présenter jusqu'à cinq photos rectangulaires légèrement recadrées. Pour alléger la mise en page, les photos imbriquées autour de l'image centrale sont décalées les unes par rapport aux autres.

- Recoupez les photos au massicot pour les recadrer. Chevauchez-les en recouvrant les angles les moins intéressants. Tracez le contour des angles au stylo à bille.
- Coupez les angles au massicot. Faites glisser le bloc-lame le long du premier trait de coupe, jusqu'à ce que ses flèches latérales coïncident parfaitement avec le trait perpendiculaire. Tournez la photo et coupez à nouveau en amenant le bloc-lame jusqu'au premier trait de coupe. Entraînez-vous avec du papier : vous maîtriserez ainsi rapidement la technique.
- Collez les photos en les espaçant de 2 mm.

Imbrications de formes droites avec chutes

*L'*imbrication des photos est ici dynamisée par l'ajout de chutes de photos qui, coupées en triangles fins, donnent une impression de mouvement centrifuge.

- Disposez les photos dans l'ordre qui vous convient en les chevauchant.
- Coupez les angles correspondant aux imbrications (voir explications page ci-contre).
- Recoupez les rectangles ainsi obtenus en diagonale. Pour cela, faites coïncider 2 angles opposés avec la rainure du massicot. Jouez avec ces triangles, en les recoupant éventuellement : plus les triangles seront fins, plus l'effet de dynamisme sera accentué.
- Collez les photos et les chutes triangulaires en les espaçant de 2 mm.

Des rectangles et des carrés

Agrémenter les angles

À lui seul,
le travail des angles réussit à apporter à cette page un agrément discret et raffiné.
Il peut être obtenu soit avec une perforatrice, soit avec des ciseaux d'angle.
Cette technique de décor donne un style personnel à une page que l'on souhaite garder simple.

- Recadrez éventuellement les photos à l'aide du massicot et disposez-les sur la page. Ici, 2 des 6 photos ont été volontairement recoupées à un format inférieur afin d'éviter la monotonie d'une mise en page trop régulière.
- À l'aide des ciseaux d'angle de votre choix, découpez les angles de chaque photo. Conservez quelques chutes : vous vous en servirez pour apporter une touche de fantaisie à la page.
- Si vous utilisez une perforatrice d'angle, posez-la sur la table en la retournant et appuyez avec le plat de la paume.

Imbrications d’angles

Les ciseaux d’angle offrent un jeu de découpes « en positif et négatif » qui s’emboîtent parfaitement. Cela donne du caractère à la mise en page et permet d’imbriquer plusieurs photos horizontales dans la hauteur de la page.

- Recadrez les photos au massicot, puis disposez-les en les chevauchant.
- Avec les ciseaux d’angle, découpez le coin de la photo du haut en positif. En retournant les ciseaux, découpez l’angle de la seconde photo en négatif. Découpez ainsi les autres photos en positif et en négatif.
- Pour allonger la courbe, comme sur la troisième photo, utilisez un angle déjà arrondi comme gabarit. Placez-le sur l’angle à couper à la hauteur désirée, et tracez son contour au stylo à bille. Découpez ensuite aux ciseaux droits.
- Placez ici et là quelques chutes de photos pour habiller la présentation.

Des ronds et des ovales

MATÉRIEL SPÉCIFIQUE

- Pochoirs ronds et ovales
- Ciseaux droits
- Règle

CONSEIL

Évitez les formats timbres-postes ! Pour vos premières découpes, prenez toujours une taille de pochoir supérieure à celle que vous seriez tenté de choisir spontanément. Vous ferez ainsi respirer le sujet et conserverez les détails « historiques ».

La découpe des photos en rond ou en ovale valorise le sujet principal et harmonise les proportions entre le premier et le second plan. Cette technique est particulièrement utile pour supprimer les éléments « parasites », un personnage grimaçant par exemple. En outre, en éliminant les angles, vous apporterez de la douceur au sujet traité et aérerez la page.

La découpe avec un pochoir

1 Posez la planche de pochoirs sur la photo et recherchez la taille et la forme la plus appropriée au sujet que vous voulez mettre en évidence.

2 En maintenant fermement le pochoir sur la photo, tracez son contour au crayon aquarellable.

3 Découpez délicatement, en faisant tourner la photo dans les ciseaux : vous éviterez ainsi les crans disgracieux.

4 Effacez les traces de crayon à l'aide d'un chiffon doux.

À faire
Photo bien recadrée.

À éviter
Photo cadrée trop « serré ».

baby
A
B
C
A
BABY
WEEK
Y
B
B

Colimaçon

Cette mise en page est d'une réalisation simple et permet de se familiariser avec l'utilisation d'un pochoir. Elle est idéale pour présenter plusieurs photos d'un même sujet. À chacun de trouver le petit clin d'œil qui donnera une unité à l'ensemble de la mise en page (ici le mot « zoo » et les petits pieds).

- En présentant d'abord les pochoirs sur les photos, décidez de leur répartition. Commencez par le plus grand et réservez-le à la photo la plus réussie ou la plus représentative. Procédez par ordre décroissant. Les pochoirs les plus petits permettent de « zoomer » un détail de photo qui mérite une attention particulière. Ici, ils figurent également les 2 « o » du mot « Zoo ».
- Découpez les ronds puis collez-les en colimaçon en occupant bien l'espace de la page. La lettre Z a ici été découpée dans une photo « gros plan » du guépard et les pieds ont été obtenus avec une perforatrice fantaisie (voir p. 72).

Bouquet de ballons

Cette mise en page amusante permet de présenter quatre ou cinq photos d'une même personne sans que l'effet de répétition se fasse sentir. Elle se prête particulièrement bien aux photos d'enfants, mais des photos d'adultes conviennent aussi.

- Découpez les photos choisies à l'aide des pochoirs ronds. Découpez également 2 ou 3 ronds dans un papier assorti à un détail des photos (ici la casquette de l'enfant) ; ils viendront ainsi animer la composition.
- Collez tous les éléments en cherchant à équilibrer la composition dans la page.
- Ici une photo de l'enfant a été détourée (voir p. 38). Au stylo à encre opaque, des traits ont été tracés pour simuler les fils des ballons et ainsi former un bouquet.

Imbrications de ronds ou d'ovales

La superposition des formes est ici mise en valeur par un effet d'imbrication : les photos jointives sont découpées pour s'emboîter les unes dans les autres.

- Dans les photos retenues, découpez des ronds et des ovales de différentes tailles. Disposez-les au fur et à mesure en les chevauchant pour vérifier l'agencement.
- Pour réussir l'imbrication, superposez 2 photos arrondies, exactement telles qu'elles seront disposées sur la page d'album. Au stylo à bille, tracez le contour de la première sur celle du dessous, puis découpez.
- Collez les photos en les espaçant de 2 mm environ.

Semi-imbrication

Seul un bord de chaque photo est ici découpé en arrondi. Ce même motif répété sur deux photos, en « négatif » et en « positif », leur permet de s'imbriquer comme deux pièces d'un puzzle, renforçant aussi la perspective de l'arrière plan de l'image.

- Sur la première photo, tracez une ligne droite à 1 cm du bord vertical. Placez le pochoir ovale à l'endroit désiré, puis tracez la portion de cercle entre le bord extérieur et votre trait. Selon votre préférence, travaillez délicatement soit sur l'endroit avec un crayon aquarellable, soit sur l'envers par transparence avec un stylo à bille.
- Découpez en suivant le tracé. Reportez uniquement l'arrondi sur la seconde photo et découpez-le à son tour : la seconde photo garde sa largeur initiale.
- Arrondissez les coins à l'aide des ciseaux d'angle (voir p. 17).

Imbrication d'un médaillon

*S*eule la photo centrale est arrondie. Elle est ensuite insérée au milieu de quatre photos rectangulaires pour former un patchwork original.

- Commencez par découper l'image centrale à l'aide d'un pochoir ovale.
- Retaillez les 4 photos au massicot, selon la taille de la page, ici 14 cm de longueur.
- Disposez-les bord à bord dans l'ordre où elles seront présentées. Placez délicatement le pochoir ovale au centre et tracez son contour au crayon aquarellable.
- Découpez les angles des photos rectangulaires en suivant les tracés. Collez-les sur la page en les espaçant régulièrement de 2 mm environ ; l'emplacement exact de la photo centrale apparaîtra clairement.

Des formes simples

MATÉRIEL SPÉCIFIQUE

Pochoirs de formes diverses ou cartonnette (boîte de céréales)

Crayon à papier et cutter de précision

Ciseaux droits

CONSEIL

Quelle que soit la forme géométrique utilisée, la photo ne doit jamais être pivotée pour la faire « rentrer » dans le pochoir. Présentez-la bien droite sous le pochoir ou optez pour un pochoir de taille supérieure si le sujet est cadré trop serré. Parfois, le pochoir peut volontairement être pivoté. En revanche, l'image doit rester droite pour garder sa « verticalité », une fois collée sur la page.

En coupant des photos à l'aide de pochoirs aux formes simples, il est facile d'évoquer et de renforcer le thème des images mises en page. La répétition d'une même forme offre aussi un très bel effet décoratif et évite l'effet lassant que peut produire la juxtaposition de photos quasi semblables.

La fabrication du pochoir

1 Agrandissez la forme souhaitée à la photocopieuse, éventuellement à différentes tailles, en vous limitant au format de vos photos.

2 Utilisez la photocopie comme du papier calque : crayonnez largement au dos du tracé puis reportez la forme sur un morceau de cartonnette en repassant au stylo sur le tracé.

3 À l'aide du cutter de précision, évidez la forme du pochoir en suivant précisément les contours.

En toute transparence !

Les pochoirs tout faits que l'on trouve dans le commerce présentent l'avantage d'être en plastique transparent, ce qui facilite grandement le cadrage des photos. N'hésitez donc pas à remplacer la cartonnette par du plastique rigide (du type rhodoïd) et le tour sera joué !

À faire

Photo placée bien droite sous le pochoir.

À éviter

Photo pivotée sous le pochoir.

Pyramide d'écussons

Cette mise en page permet d'organiser facilement un arbre généalogique en utilisant trois niveaux pour hiérarchiser les différentes générations. On peut imaginer d'inclure des photos de son animal de compagnie ou de la maison familiale pour compléter la présentation.

- Répartissez les 6 photos en pyramide. Ici une photo de famille a été placée au sommet, puis les parents à l'étage intermédiaire et enfin les 3 enfants au-dessous. Agrandissez l'écusson et fabriquez le pochoir (voir page ci-contre).
- Cadrez chaque photo à l'aide du pochoir écusson, en veillant à toujours le positionner dans le même sens à chaque fois (pointe en haut ou en bas). Tracez la forme au crayon aquarellable.
- Coupez les écussons aux ciseaux et collez-les en les espaçant de quelques millimètres : vous pourrez ainsi rajouter le nom de chacun sous sa photo.

Cœurs

La répétition de cœurs aux dimensions variées permet de présenter plusieurs photos d'un jeune enfant, d'un couple de mariés, ou de tout autre sujet évoquant la tendresse.

- Agrandissez le cœur à différentes tailles et fabriquez les pochoirs (voir p. 24).
- En jouant avec les différentes tailles de cœur, recadrez les photos. Pour éviter un alignement trop statique sur la page, le pochoir peut être parfois incliné ; la photo, elle, doit rester droite. Tracez les formes au crayon aquarellable.
- Choisissez 2 papiers de couleur en harmonie avec les photos. Découpez-y 2 ou 3 autres cœurs de taille inférieure et disposez-les ici ou là dans votre mise en page. Découpés avec des ciseaux fantaisie, ils apporteront encore plus de relief à la page.

Portes

Cette mise en page permet de mettre, côte à côte, jusqu'à neuf photos d'un même thème ou d'une même personne. L'équilibre vient de l'alternance de l'orientation des portes autour du carré central. Les angles arrondis apportent aussi une note de douceur.

- Sélectionnez les 9 photos de cette composition sans oublier que 4 d'entre elles seront verticales et 4 autres horizontales.
- Agrandissez la porte à la taille souhaitée et fabriquez le pochoir (voir p. 24). Cadrez chaque photo au crayon aquarellable en orientant bien l'arrondi du pochoir : 2 fois vers le haut, 2 fois vers le bas pour les photos verticales et 2 fois vers la droite, 2 fois vers la gauche pour les photos horizontales.
- Collez les photos en les espaçant de 2 mm environ. Pour changer, vous pouvez remplacer la photo centrale par un commentaire ou un papier de couleur.

Oreillers

Dans cette composition, l'utilisation de deux formes complémentaires permet de jouer sur des thèmes qui se répondent par des imbrications symétriques. La mise en page fonctionne particulièrement bien si on respecte l'alternance des panoramas avec des plans plus serrés.

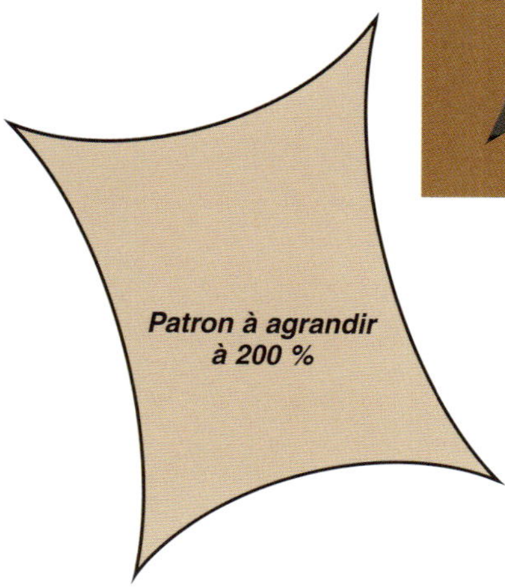

- Agrandissez l'oreiller à la taille souhaitée et fabriquez le pochoir (voir p. 24).
- Cadrez 5 photos à l'aide de ce pochoir en taillant bien le crayon aquarellable pour obtenir un tracé impeccable dans les angles. Cadrez les 4 photos restantes à l'aide de pochoirs ovales de 2 tailles différentes.
- Coupez les photos et collez-les en les espaçant régulièrement.
- Si 3 oreillers ne rentrent pas dans la largeur de votre page d'album, entrecroisez légèrement leurs pointes.

Camembert

Cette mise en page amusante est toutefois assez délicate à réaliser. La clé de la réussite est toute simple : il suffit de bien orienter les photos sous le pochoir afin que toutes les photos apparaissent droites une fois le « camembert » terminé.

- Agrandissez la part de camembert à la taille souhaitée et fabriquez le pochoir complet (voir pp. 24 et 52), cela vous permettra de visualiser les photos dans leur position finale.
- Orientez le pochoir selon un axe vertical (3 parts à gauche et 3 à droite) ou horizontal (3 parts au-dessus et 3 au-dessous).
- Répartissez les photos sélectionnées sous le pochoir, en veillant à les maintenir bien droites. Tracez la forme au crayon aquarellable puis découpez les parts de camembert. Collez-les en les espaçant de 2 mm. Ici des ronds perforés dans les chutes de photos ont été rajoutés autour du « camembert ».

Les papiers de couleur

MATÉRIEL SPÉCIFIQUE

- Papiers de couleur non acides : formes prédécoupées (facultatif) et feuilles entières
- Pochoirs de formes diverses (exemples pp. 25-29)
- Massicot portatif
- Ciseaux droits
- Crayon à papier

CONSEIL

Les papiers prédécoupés du commerce offrent une finition parfaite et permettent d'envisager de multiples possibilités d'associations. Plus la palette de couleurs et de formes dont on dispose est riche, plus on peut faire d'essais et trouver facilement la solution équilibrée.

Les papiers de couleur apportent de la gaieté à votre mise en page tout en soulignant les touches colorées de vos clichés. En harmonisant plusieurs photos entre elles, ils donnent bien souvent la réponse à cette sensation confuse « qu'il manque quelque chose »… Les possibilités sont infinies. N'hésitez pas à tout essayer avant de vous décider.

La découpe et l'ajustement des papiers de fond

1 Le papier de fond sert de « soutien » à une image. Pour faciliter la réalisation de la page, le papier de fond est d'abord collé sous la photo recadrée. Ce montage est ensuite collé sur la page. En règle générale, le dépassant est de 5 mm.

2 Avec des feuilles entières : collez la photo sur la feuille de papier de couleur. À l'aide d'un pochoir de taille supérieure, délimitez le contour du dépassant d'un léger tracé de crayon, puis découpez bien régulièrement.
Pour les formes droites, coupez directement au massicot. Cette méthode permet de juger à l'œil de la taille idéale du dépassant sans prises de mesures fastidieuses.

3 Avec des formes prédécoupées : collez tout simplement la photo recadrée sur la forme de taille appropriée.

Le décor avec des papiers de couleur

1 Sélectionnez des formes simples proches du thème évoqué, puis dessinez-les ou décalquez-les sur le papier de couleur. Cahiers de coloriages, brochures de voyagistes… constituent une bonne source d'inspiration.

2 Disposez tous les éléments sur la page. Une fois l'équilibre trouvé, commencez par coller les décors en papier découpé. Ajoutez ensuite puis les photos ou les montages de photos sur papiers de fond.

Passe-partout colorés

La variété de teintes des scènes photographiées a permis d'introduire cinq couleurs de papiers par petites touches discrètes, rendant l'ensemble très gai. L'effet d'imbrication est ici mis en valeur par la superposition de deux papiers de fond aux couleurs contrastées.

- Choisissez des photos et des couleurs de papier coordonnées. Recadrez les 6 photos avec des pochoirs ovales et ronds, découpez les imbrications (voir p. 21).
Ici, le bras de l'enfant a été détouré (voir p. 38) pour animer la mise en page.
- Collez quelques photos sur des papiers de fond (voir page ci-contre).
- Coupez 2 bandes de couleur au massicot. Collez-les en premier le long du bord gauche de la page afin d'asseoir la composition. Vérifiez la disposition puis collez les photos.

Jeux de formes

Voici six exemples de photos rondes posées sur des papiers de fond aux formes différentes. Toutes les fantaisies sont permises ! Utilisez un papier de forme semblable à celle de la photo ou au contraire totalement différente. Jouez sur la disposition du papier par rapport au cliché : centrez la photo sur la forme choisie ou décalez-la radicalement afin de laisser le papier dépasser et de mieux habiller l'espace.

Jeux de couleurs

Ces cinq autres exemples montrent comment les différents coloris s'harmonisent avec les photos. Les effets obtenus peuvent d'ailleurs être très différents. Si vous souhaitez « illuminer » la photo, préférez des couleurs vives qui rappellent un détail de la scène photographiée. En revanche, choisissez des couleurs plus discrètes qui s'harmonisent bien avec l'ambiance générale pour créer un effet de continuité.

Papiers de fond superposés

Dans cet exemple, la photo a été laissée entière. C'est l'effet d'encadrement qui vient la mettre en valeur : un travail minutieux où les différents papiers jouent un rôle « d'écrin » pour un souvenir qui vous est cher.

- Si vous le souhaitez, arrondissez les coins de la photo (voir p. 16) et collez-la dans un angle de la première feuille de couleur, à 6 mm du bord. Coupez les 2 autres côtés à l'aide du massicot, ou des ciseaux fantaisie en laissant le même dépassant.
- Collez l'ensemble dans l'angle d'une deuxième feuille, à environ 1 cm du bord. Avec des ciseaux fantaisie ou au massicot, recoupez le dépassant à environ 2 mm.
- Découpez de larges bandes plus longues que les côtés. Humidifiez-les par tapotements puis déchirez-les. Une par une, collez-les sous la photo, puis recoupez-les en onglets pour obtenir des coins nets.

Quatre triangles

Cette simple composition de photos ovales est habillée par quatre triangles de deux couleurs contrastées. Tout en apportant une touche colorée harmonieuse, ils aident à structurer la composition dans la page.

- Sélectionnez vos photos et coupez-les à l'aide des pochoirs ovales ou ronds.
- Dans 2 couleurs de papier, coupez au massicot 2 carrés de taille légèrement différente (au moins 1 cm de différence par côté). Pour vous aider, utilisez les mesures gravées sur la règle escamotable. Recoupez chaque carré dans sa diagonale pour obtenir des triangles (voir p. 15).
- Collez les 4 triangles sur la page en les centrant et en opposant les couleurs. Collez chaque photo sur la couleur qui lui convient le mieux.

Composition mixte

*L*es tonalités très contrastées des papiers utilisés dans cette composition participent à la mise en scène des photos. Les formes enfantines et les couleurs vives et acidulées du décor se répondent tour à tour pour jouer sur le thème des vacances.

- Sélectionnez vos photos et 4 ou 5 papiers de couleur assortis. Recadrez les photos et imbriquez-les (voir p. 21). Collez chacune d'entre elles en les décalant sur des papiers de fond préalablement découpés à l'aide de pochoirs.
- Une autre photo détourée apporte une note d'humour…
- Créez ensuite le décor : découpez la mer à l'aide de ciseaux fantaisie larges puis des motifs stylisés. Confectionnez les détails à l'aide des perforatrices fantaisie : un petit soleil, des spirales, des petits ronds découpés dans une chute de photo…

Autre composition mixte

Le gâteau et les bougies d'anniversaire ont des formes caractéristiques qui illustrent à merveille une page sur ce thème. Les couleurs gaies des papiers utilisés pour figurer la mousse aux fraises et les fruits donnent à la page l'air de fête qu'elle mérite.

- Sélectionnez 6 ou 7 photos. Recadrez-les à l'aide de pochoirs cœur de différentes tailles (voir p. 26) dont vous arrondirez la forme. Collez chaque photo sur un papier rouge. Ajustez le dépassant aux ciseaux.
- Dessinez au verso d'un papier nuageux, la forme de la mousse aux fraises et une bande centrale pour donner du volume. Déchirez-les délicatement à la main et collez-les.
- Confectionnez quelques fraises et des feuilles à l'aide des perforatrices cœur et marguerite. Découpez directement quelques bougies. Décorez le gâteau en disposant harmonieusement l'ensemble des éléments. Dessinez des points sur les fruits.

Le détourage

MATÉRIEL SPÉCIFIQUE

Papiers de couleur non acides (feuilles entières ou formes prédécoupées)

Petits ciseaux fins à bouts pointus

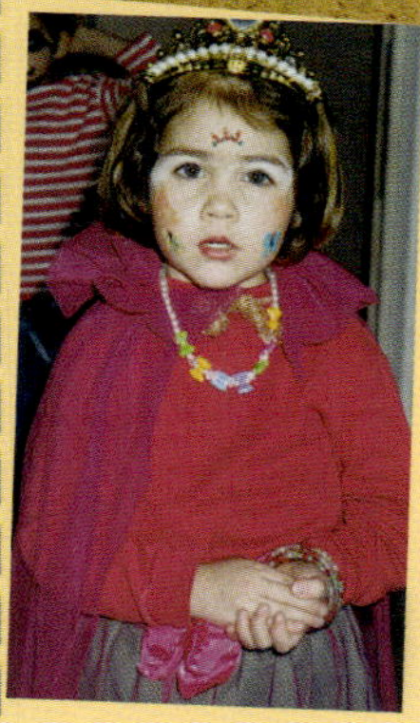

CONSEIL

Il n'existe pas de ciseaux à détourer à proprement parler. Utilisez des petits ciseaux (du type ciseaux à broder) à bouts pointus et à lames fines.

Encore appelée « silhouettage », cette technique consiste à isoler un sujet (personnage, objet ou paysage) de son contexte en découpant précisément tout autour. Elle permet de se débarrasser de détails inutiles autour du sujet et de reconstruire un montage qui le mettra en valeur. C'est aussi une manière de créer de multiples effets originaux et souvent humoristiques. Toutes les fantaisies sont permises !

Le détourage

1 Sélectionnez une photo dont le sujet principal se détache bien du fond.

2 À l'aide des ciseaux fins, découpez progressivement en suivant précisément le tour du sujet. Les détails très fins, comme une mèche de cheveux, peuvent être supprimés ; une fois l'image dissociée de son fond, cela ne se verra plus.

3 Présentez le sujet détouré seul sur une page ou associez-le à un papier de fond de couleur afin qu'il reprenne consistance et éclat.

Avant
Cette photo présente un sujet principal qui se détache parfaitement de son contexte.

Après
Une fois détouré, le sujet peut être associé à des papiers de fond colorés, etc.

Détourage partiel

*D*ans cette composition, le détourage de la lame du poignard et du chapeau de cow-boy permet de bien les faire ressortir. Cette technique simple anime immédiatement la mise en page. Elle peut être répétée et même servir de base à la construction d'une bande dessinée.

- Posez le pochoir rond ou ovale sur la photo à détourer et tracez-en le contour au crayon aquarellable en vous arrêtant de part et d'autre des éléments à conserver, ici le poignard et les épaules de l'enfant. Découpez précisément aux ciseaux fins.
- Le détourage du tee-shirt permet de mieux asseoir le personnage dans la page.
- Un détail d'une photo déjà entièrement recoupée en rond peut également être détouré, (ici le chapeau du cow-boy). La photo peut ensuite être collée sur un fond de couleur.
- Collez les photos sur des fonds de couleur et composez la page en vous servant des techniques évoquées depuis le début du livre.

Détourage complet décalé

Lorsqu'un sujet et son arrière plan sont réussis, le détourage peut aussi servir à animer l'image, comme ici les deux personnages qui semblent sortir du paysage.

- Découpez le contour des personnages en conservant le fond intact. Arrondissez 2 angles de ce dernier aux ciseaux d'angle et perforez les autres.
- Collez la moitié du fond détouré sur un rectangle de papier. À l'aide du massicot, réduisez le dépassant à 3 mm sur 3 côtés puis arrondissez l'un des angles.
- Collez les personnages en les décalant franchement de façon à laisser apparaître le papier coloré dans la découpe. Pour accentuer l'effet 3-D, vous pouvez coller les personnages silhouettés sur une légère épaisseur de mousse.

Changer de décor

Supprimer totalement un fond inesthétique pour le remplacer par un fond plus évocateur rappelle un peu les montages du cinéma hollywoodien. C'est aussi un moyen efficace pour apporter une note d'humour à vos mises en pages.

- Sélectionnez 2 photos : l'une dont le sujet principal est facilement détourable, l'autre, pour l'arrière-plan, qui s'associera bien au sujet détouré.
- Détourez soigneusement le personnage aux ciseaux fins et collez-le sur l'image de fond en le faisant sortir de l'arrière-plan.
- Les autres éléments sont découpés dans du papier de couleur : le soleil et le cactus aux ciseaux droits, le gazon avec des ciseaux cranteurs « herbe », les fleurs avec des perforatrices fantaisie et les cœurs des fleurs avec une perforatrice classique.

Pour aller plus loin

Découper un cliché ne vous effraie plus ? Alors, lancez-vous dans des mises en pages un peu plus élaborées. Apprenez à décomposez vos photos pour reconstruire une nouvelle image originale et créez des compositions géométriques ou des mosaïques qui vous vaudront l'admiration de votre famille et de vos amis !

Scherpenisse
Gorishoek
Yerseke
St Annaland
Poortvliet
Tholen
Bergen op Zoom

Décomposer les photos

MATÉRIEL SPÉCIFIQUE

Pochoirs de formes diverses

Massicot portatif

Ciseaux droits

Couper une photo en morceaux, puis coller ces derniers côte à côte en laissant un espace régulier donne souvent un effet spectaculaire. Cette technique se rapproche de celle du puzzle et les possibilités sont multiples. Ne craignez pas de devoir morceler la photo : c'est pour mieux la reconstruire. Laissez-vous guider par votre imagination. Faites même des essais avec des photos qui ne présentent pas d'intérêt pour vous : vous verrez, vous serez surpris du résultat !

Les trois règles à respecter

1 Observez la structure de votre image : repérez les différents plans et laissez-vous inspirer par les formes suggérées.

2 Évitez en général de couper au milieu d'un personnage. En revanche, la décomposition d'un arrière-plan uniforme apportera du relief à votre mise en page.

3 Découpez toujours avec minutie. C'est la précision de votre travail qui donnera son éclat à la composition finale…

À ne pas faire

Évitez de « guillotiner » les personnages. Sauf si cela est tout à fait volontaire !

À faire

Respectez les différentes parties du corps des personnages.

CONSEIL

Lorsque vous aurez défini l'agencement des morceaux de photos, numérotez-les au dos : ainsi, vous ne risquerez pas de les intervertir au moment du collage.

Carrés

*U*ne photo décomposée en six morceaux carrés, recollés dans l'ordre sur un papier de couleur, donne l'impression d'une vue aperçue au travers d'une fenêtre. Une composition idéale pour vos belles photos de paysages photographiés à la verticale.

- Découpez au massicot votre photo (10 x 15 cm) en carrés de 5 cm de côté ; pour cela, en vous aidant des mesures gravées sur le plateau, commencez par couper la photo en deux dans le sens de la hauteur, puis chaque bande obtenue en trois.
- Sans tenir compte du dépassant, collez les 6 morceaux sur un papier de couleur harmonieuse, en laissant 5 mm d'espace entre eux. À l'aide du massicot, réduisez ensuite le dépassant à 10 mm.
- L'arc de cercle du haut de la fenêtre a été tracé à l'aide d'un pochoir ovale.

Lamelles

La photo est ici découpée en lamelles autour du sujet principal. Cette technique est particulièrement adaptée pour les photos d'extérieur avec un arrière-plan homogène : mer, sable, forêt, fleurs, façades…

- De part et d'autre de votre sujet principal, découpez au massicot des bandes de largeurs différentes en prenant soin de bien caler la photo contre le talon.
- L'effet obtenu par les lamelles est particulièrement intéressant pour les photos panoramiques. Avec un tirage standard, il est possible de tricher en découpant des bandes supplémentaires dans un duplicata de la même photo.
- Disposez les bandes à des hauteurs différentes. Collez-les bien parallèles, en les espaçant de 3 mm, pour obtenir une composition dynamique mais « ordonnée ». Ajoutez éventuellement des petites chutes de papier de couleur pour agrémenter la page.

Deux photos en une

Il y a ici deux photos du même endroit, l'une prise à la verticale, l'autre à l'horizontale. La combinaison des deux jeux de lamelles en alternance donne cet effet de miroir déformant.

- Dans la photo verticale, découpez au massicot des bandes de largeurs différentes, de part et d'autre du sujet central. Découpez la photo horizontale d'une extrémité à l'autre en bandes de largeurs plus ou moins régulières.
- Alternez les bandes longues et les bandes courtes selon votre inspiration.
- Collez-les parallèlement en laissant 1 à 3 mm d'intervalle. Veillez à aligner les plans à certains endroits pour conserver une bonne lecture de l'image. Par exemple, ici, c'est la ligne horizontale de la bordure du bassin qui soutient l'ensemble de la composition.

Ligne de force

Certains sujets photographiés offrent parfois une organisation naturelle qui suggère une décomposition particulière. C'est la recherche de la ligne de force autour de laquelle l'image est construite qui guide la découpe.

- Observez bien vos photos pour trouver les lignes qui les constituent. À gauche de la page, la découpe en oblique est suggérée par l'orientation des palmiers. À droite, la délimitation nette de la mer appelle une séparation des espaces.
- Pour découper, il suffit de passer la lame du massicot aux endroits désirés, en orientant la photo convenablement sous la règle transparente.
- Un papier de fond triangulaire (voir p. 30) a été glissé sous chaque photo coupée, pour en souligner les découpes. Des photos arrondies adoucissent le côté anguleux de la composition.

Triangle détaché

Lorsque la forme d'un triangle est suggérée sur une image, il est intéressant de l'accentuer en la détachant. La simple correspondance de ces formes qui se répondent apporte harmonie et équilibre à la mise en page.

- Pour la photo supérieure, le triangle est déterminé par l'ouverture des bras. Repérez la pointe du triangle et marquez-la au crayon aquarellable. Tracez les côtés à l'aide d'une règle. Coupez au massicot. Pour arrêter la lame au bon endroit, alignez la pointe du triangle avec une mesure de la règle transparente.
- Une fois le triangle détaché, reportez l'autre partie de la photo sur la seconde : vous conserverez ainsi le même angle.
- De la même manière, reportez l'angle sur des papiers de couleur. Coupez en prolongeant les côtés. Collez chaque photo sur son fond et recoupez le troisième côté.

Puzzle

De la superposition de deux pochoirs géométriques naît cette composition morcelée.
Pour une lisibilité optimale, le sujet photographié doit se détacher d'un arrière-plan assez neutre.

- Positionnez le pochoir de l'hexagone, pointes dans l'axe vertical, en prenant soin de centrer le sujet principal de la photo. Tracez le contour au crayon aquarellable.
- Tracez ensuite au pochoir la forme du losange, pointes dans le même axe.
- Au massicot, réduisez la photo en rectangle dont les côtés coïncident avec les extrémités des 2 figures. Coupez ensuite en suivant les tracés, au massicot ou aux ciseaux selon votre habileté.
- La superposition d'autres formes géométriques, rondes et ovales comprises, convient aussi très bien à cette technique.

Effet de bulles

Des ronds ou des ovales superposés dans une même image permettent de singulariser les personnages ou les détails d'une photo. La mise en page s'anime alors dans la douceur des arrondis.

- **2 ronds ou 2 ovales croisés** : placez le pochoir de votre choix à droite du sujet principal (ce dernier est donc décentré) et tracez la forme au crayon aquarellable. Déplacez le pochoir à gauche et tracez de nouveau la forme. Veillez à ce que l'intersection soit toujours correctement dimensionnée pour le sujet que vous souhaitez valoriser.
- **Ovales ou ronds juxtaposés** : à l'aide du pochoir, tracez au crayon aquarellable le rond ou l'ovale principal de la photo. Déplacez le pochoir et tracez tout autour plusieurs autres arrondis, satellites du premier.
- Dans les 2 cas, coupez soigneusement les éléments aux ciseaux.

Compositions géométriques

Grâce aux pochoirs, les formes géométriques simples peuvent être facilement répétées et combinées pour créer une multitude de compositions. L'association ordonnée de ces formes régulières contribue à donner une unité harmonieuse à la page.

MATÉRIEL SPÉCIFIQUE

- Papier blanc
- Cartonnette (boîte de céréales) ou papier épais
- Cutter de précision et règle
- Ciseaux ou massicot portatif
- Pochoirs de formes diverses

CONSEIL

Lorsque vous avez déterminé la place des tirages à l'aide du pochoir global, numérotez-les au dos, pour ne pas les mélanger. N'oubliez pas d'orienter correctement les photos sous le pochoir (voir conseil p. 24). S'il vous manque des photos pour votre composition, remplacez-les par des papiers de couleur. Ils vous serviront à écrire un titre, une date ou quelques commentaires…

Confectionner un gabarit de composition

1 N'hésitez pas à faire vos premières recherches de composition sur du papier de brouillon. Tracez les formes géométriques de base que vous souhaitez combiner à l'aide des pochoirs correspondants.

2 Lorsque vous avez trouvé la composition idéale, il est préférable de confectionner un pochoir global en cartonnette qui vous permettra de visualiser facilement l'emplacement et l'orientation des photos.

3 Évidez ensuite soigneusement chaque forme à l'aide d'un cutter de précision et éventuellement d'une règle.

Exemples de pochoirs

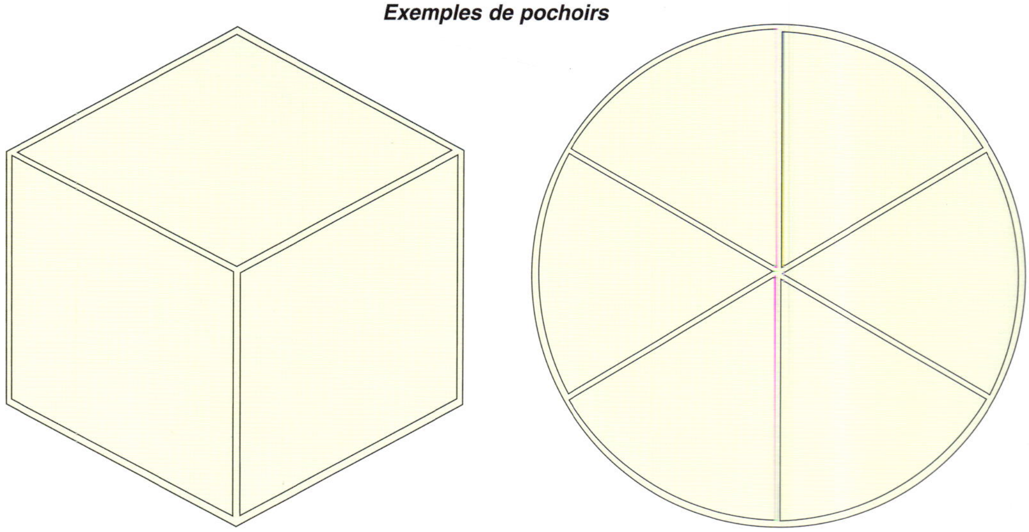

Nids-d'abeilles

La forme hexagonale permet de cadrer facilement la plupart des photos. La composition prend ici volontairement la forme d'un ballon de football, mais l'effet nids-d'abeilles peut s'adapter à de nombreuses thématiques.

- À partir d'un pochoir tout fait ou de la forme de l'hexagone donnée p. 50, confectionnez votre gabarit de composition, en fonction du thème ou du nombre de photos.
Afin que les formes s'emboîtent bien, orientez tous les hexagones de la même manière (pointes vers le haut ou vers les côtés).
- La forme du ballon est ici suggérée par l'ajout de triangles. Ils ont été obtenus à partir de 3 hexagones dont on a simplement recoupé les pointes.
- La photo centrale a été remplacée par une forme de papier bien utile pour noter le score !

Variante de composition

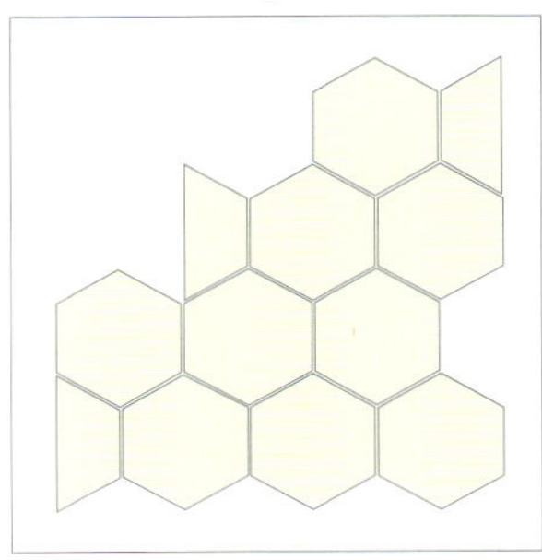

Pyramide de triangles

En alternant triangles et losanges, on reconstitue une pyramide qui, dans le cas présent, rappelle bien la montagne. Cette construction élégante s'accorde également avec d'autres sujets.

Variante de composition

- Un pochoir de losange (voir le gabarit p. 50) permet de recadrer des photos en losanges verticaux, horizontaux, voire en triangles équivalant à la moitié du losange. Composez votre pyramide en tenant compte de l'orientation des photos : elles doivent toujours rester droites sous le pochoir.
- Ici 3 triangles pointes en haut ont été réservés à des paysages et 3 losanges (dont 1 recoupé) présentent des gros plans de personnages. Comme le suggère le croquis ci-contre, la pyramide peut être construite différemment.
- Des flocons découpés à la perforatrice fantaisie renforcent l'ambiance hivernale.

Cubes en 3D

Ces compositions répétant un même losange produisent un effet intéressant de 3D. Selon le résultat recherché ou les photos dont on dispose, chaque cube peut être composé de trois images différentes ou d'une seule.

- Choisissez un pochoir de losange de taille appropriée ou fabriquez-le (voir p. 50).
- **Avec 2 photos verticales et 1 horizontale** (cube vert) : orientez le pochoir, toujours droit sur chaque photo (voir p. 24), de sorte que les losanges s'emboîtent une fois collés.
- **Avec une seule photo** : fabriquez un gabarit complet (voir p. 52). Les losanges seront légèrement plus petits pour une photo horizontale que pour une photo verticale (cube rouge). Veillez à ne pas couper un visage ou un élément important.
- Sur un papier de couleur de taille quelconque, collez les photos en les espaçant. Recoupez le papier tout autour, à 3 mm du bord environ, à l'aide du massicot.

Losanges alignés

La juxtaposition de losanges identiques donne l'impression amusante d'une bande de film. Évoquant le reportage, cette composition est idéale pour relater différentes étapes d'une même histoire.

- Agrandissez la forme du losange à la taille voulue. Sélectionnez les photos en alternant des gros plans avec des vues plus générales.
- Le pochoir peut s'utiliser dans les 2 sens, selon que l'on souhaite une bande orientée vers le haut ou vers le bas. Conservez le sens choisi pour toute la page et positionnez les photos bien droites sous le pochoir (voir p. 24).
- Tracez, coupez et collez en vous aidant éventuellement d'une règle pour aligner les images. Quelques bandes fines de papiers aux couleurs vives assorties à celles des photos renforcent l'impact visuel de la page.

Effets de losanges

De faux losanges imbriqués et orientés alternativement selon deux axes différents dynamisent une page où l'on veut présenter seulement trois photos verticales ou horizontales peu recadrées.

◗ Utilisez le même pochoir que pour la page ci-contre : il sert de guide pour recouper en oblique 2 côtés opposés de la photo (ici : les 2 petits côtés). Placez le pochoir dans l'un des angles de la photo en veillant à aligner l'un des côtés du losange avec le bord vertical de la photo. Tracez l'oblique puis prolongez jusqu'au bord vertical opposé. Procédez de la même manière en partant de l'angle opposé de la photo. Coupez au massicot. Pour la photo centrale, le pochoir a été retourné.

◗ Imbriquez les photos (voir p. 14). Recoupez les chutes à la dimension voulue pour agrémenter la page.

Les mosaïques

MATÉRIEL SPÉCIFIQUE

- Plastique rigide transparent (type chemise plastifiée)
- Feutre indélébile
- Massicot portatif
- Ruban adhésif repositionnable

CONSEIL

Imaginez vos futures compositions en mosaïque dès la prise de vue ! Pensez à prendre des plans différents du même sujet et à multiplier les détails de végétation et de matières : ils s'harmoniseront facilement avec les sujets principaux.

Nec plus ultra du scrapbooking, la mosaïque est une technique qui requiert une certaine minutie, mais dont le résultat ne manquera jamais de vous surprendre. Les mosaïques classiques sont composées de carrés de 2 à 5 cm de côté. Vous déterminerez rapidement leur taille grâce à des grilles « faites maison ». Avec un peu d'imagination, vous travaillerez à partir d'autres figures géométriques. De la patience, un zeste d'astuce et une once de précision… le tour est joué !

Les grilles transparentes : confection et utilisation

1 Sur le plastique transparent, tracez au feutre indélébile 5 grilles approchant 10 x 15 cm constituées de carrés de 2, 2,5, 3, 3,5, 4 et 5 cm

2 Posez chacune des grilles sur les photos à mettre en page pour définir la taille de carrés la plus appropriée. N'hésitez pas à décaler la grille pour éviter de couper au milieu d'un visage ou d'un détail important.

3 Notez un premier repère de coupe au crayon aquarellable. En vous aidant de ce repère et des mesures du massicot, coupez d'abord les photos en bandes puis chaque bande en carrés. Composez ensuite votre mosaïque sur la table en équilibrant la répartition des sujets et des couleurs.

Astuce

Avant de couper les photos en morceaux, n'hésitez pas à tracer légèrement les traits de coupes au dos et à colorier rapidement chaque bande avec une couleur différente : si la première disposition ne vous plaisait pas, vous pourriez plus facilement trier les morceaux et recommencer.

Mosaïque simple

Quatre photos ont servi ici à composer cette mosaïque classique de 64 carrés de 2,5 cm de côté. Un jeu de correspondances entre gros plans et plans plus larges offre un effet coloré harmonieux.

- Découpez les photos puis composez la mosaïque sur la table en conservant l'ordre des carrés (voir ci-contre). Supprimez les carrés les moins intéressants.
- Calculez les dimensions de la mosaïque (ici : (8 carrés x 2,5 cm) + (7 intervalles x 0,2 cm) = 21,4 cm par côté). Définissez ensuite la taille des marges ; pour cela, mesurez la hauteur et la largeur de la page, puis ôtez à chaque mesure la longueur du côté de la mosaïque, divisez enfin par 2.
- Délimitez la place de la mosaïque à l'aide de bandes d'adhésif repositionnable. Collez les carrés colonne par colonne en conservant des espaces réguliers.

Mosaïque de rectangles irréguliers

Plus rapide et plus simple à réaliser qu'une véritable mosaïque, cette composition de divers rectangles en amorce l'idée. Les images sont juxtaposées assez librement autour de deux axes principaux.

- Recadrez au massicot chacune des photos que vous souhaitez mettre en page.
- Pour structurer l'ensemble, collez les photos en alignant les bords de certaines, de manière à « dessiner » 2 axes se croisant approximativement au milieu de la composition. Des photos coupées en deux, dont les morceaux sont recollés côte à côte, permettent des effets de continuité.
- Habillez les espaces restants de rectangles découpés dans les chutes des photos. Ici un soleil perforé en négatif apporte une touche personnelle à la page.

Mosaïque de rectangles réguliers

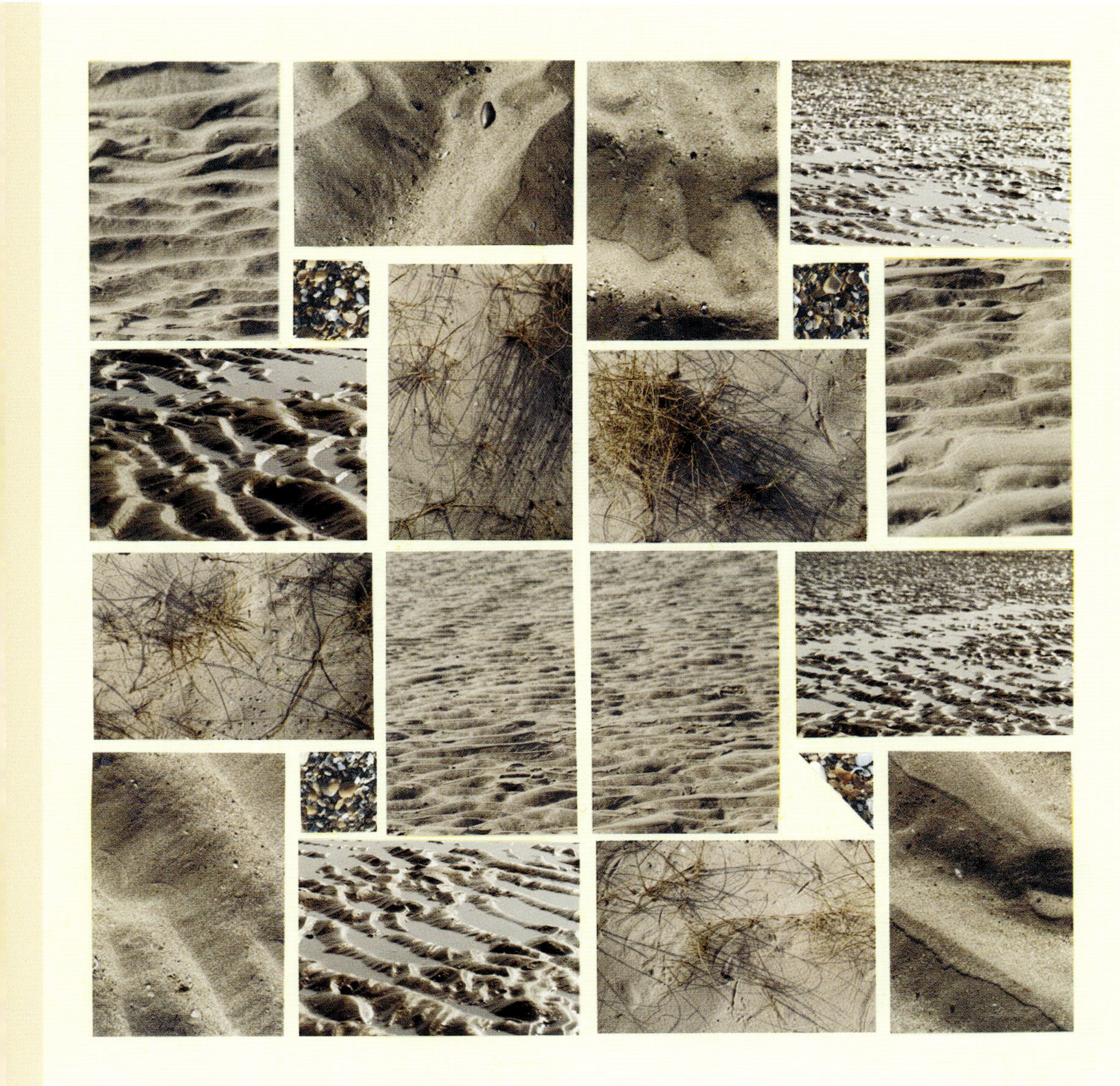

Des gros plans du même thème photographié à des distances légèrement différentes permettent de composer des mosaïques d'effets de matière assez étonnants.

- Sélectionnez 2 photos verticales et 2 photos horizontales de format standard (10 x 15 cm). À l'aide du massicot, coupez chaque photo en 4 rectangles identiques.
- Agencez la mosaïque en formant 4 carrés, composés chacun d'un rectangle de chaque photo. Espacez les morceaux régulièrement.
- En procédant comme expliqué page 59, calculez la taille de la mosaïque, puis collez-la en la centrant sur la page. Comblez les espaces libres par des petits carrés ou des triangles de 2 cm de côté découpés dans une autre photo.

Mosaïque de losanges

*D*ouze photos horizontales ont été nécessaires pour réaliser cette mosaïque de paysages irlandais. Cette mise en page en camaïeu permet de présenter en un coup d'œil de nombreuses facettes d'un même sujet.

- Choisissez des photos dont les sujets sont quasiment à la même échelle et adaptés à la forme en losange. À l'aide du pochoir (voir p. 56), découpez 8 losanges.
- Commencez la mosaïque sur la table et calculez sa largeur en additionnant la largeur des 2 losanges du milieu et celle des intervalles. Définissez les marges (voir p. 59). Matérialisez-les avec du scotch repositionnable sur lequel vous repérerez le milieu de la hauteur. Collez les losanges à partir de ce point.
- Comblez les espaces avec des demi-losanges coupés tantôt dans la hauteur, tantôt dans la largeur en veillant à bien orienter les sujets.

Mosaïque en frise

Lorsque l'on veut conserver une photo entière, on peut créer tout autour un décor à partir de chutes de photos et de papiers colorés. La mosaïque devient alors un cadre qui met la photo centrale en valeur.

- Cherchez dans votre « boîte à chutes » des morceaux de photos en harmonie avec votre image. Sélectionnez aussi des papiers aux couleurs assorties.
- Coupez des carrés de 1 cm de côté : servez-vous d'une perforatrice de forme adaptée ou, à défaut, utilisez le massicot. Recoupez certains carrés en triangles.
- Collez votre photo au centre de la page. Composez et collez la mosaïque tout autour. Préférez une composition irrégulière à une séquence trop répétitive.
- Pour parfaire les finitions, collez, des bandelettes de papier d'environ 2 mm autour de la photo et de la composition en chevauchant légèrement la mosaïque.

Mosaïque parsemée

Tel l'effet d'un zoom, des rectangles enchâssés dans une mosaïque de carrés mettent en valeur des scènes particulières. Leur répartition et le calcul de leurs dimensions nécessitent un peu d'attention, mais le résultat est à la hauteur !

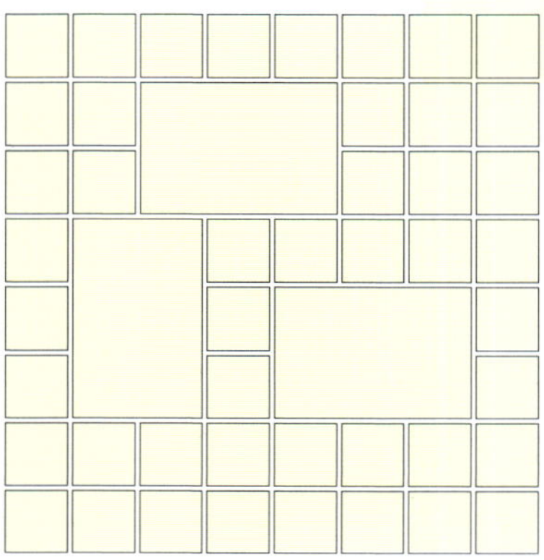

- Faites un croquis rapide de la mosaïque réduite (ici : 8 x 8 carrés de 2,5 cm). Répartissez des rectangles sur la grille, puis calculez leurs dimensions en additionnant celles des carrés correspondants et celles des intervalles (0,2 cm) : ici on obtient 7,9 x 5,2 cm. Utilisez le tableau p. 80 pour vous aider. Selon vos images, n'hésitez pas à remplacer les rectangles par des bandes ou des grands carrés.
- Coupez les rectangles, puis les carrés dans les chutes des photos. Ensuite, procédez comme en p. 58 et 59. L'image de l'arène a été ici reconstruite grâce à la disposition des carrés de spectateurs et des carrés de sable.

Mosaïque vitrail

Le portrait d'une personne chère inscrit dans un médaillon ovale, hexagonal ou encore triangulaire, se détache particulièrement bien s'il est entouré d'une mosaïque irrégulière, posée à la façon d'un vitrail.

- Coupez la photo principale en médaillon (voir p. 18). Encollez-la sans aller jusqu'au bord, et placez-la au centre de la page. Délimitez les marges de la mosaïque à la dimension souhaitée avec du scotch repositionnable.
- Dans votre « boîte à chutes », sélectionnez des morceaux de photos. En vous limitant à 2 tons, vous éviterez de noyer le portrait dans un excès de couleurs ou de détails.
- Recoupez les chutes irrégulièrement. Autour du médaillon, imbriquez les morceaux, en les glissant dessous, puis dessinez l'arrondi au stylo à bille. Progressez ensuite vers l'extérieur. Procédez comme en p. 79 pour obtenir des bords droits. ....

La touche finale

Apportez une ultime note personnelle à vos albums et variez la présentation de vos commentaires en écrivant votre histoire ou en la réinventant pour la joie de tous. Animez vos mises en pages de figurines fantaisie ou de bordures colorées. En un mot, amusez-vous ! Inspirez-vous des exemples de ce livre, puis laissez votre imagination agir…

Les commentaires

MATÉRIEL SPÉCIFIQUE

- Papiers de couleur
- Feutres et stylos à encre opaque
- Ruban adhésif repositionnable

CONSEIL

Par souci technique et pour faciliter la lecture, les commentaires des pages présentées dans ce livre ont été tapés à l'ordinateur. Nous vous conseillons néanmoins de rédiger vos commentaires à la main. Ne vous sous-estimez pas ! Une écriture naturelle apportera une dimension personnelle et plus affective à vos albums.

Écrire quelques mots, quelques phrases anecdotiques sur une page, enrichit l'image et retranscrit l'instant photographié dans ses moindres détails. C'est une façon précieuse de se souvenir ou de partager avec ceux qui nous sont chers l'histoire de ces moments importants.

Raconter une histoire

1 Choisissez votre stylo en fonction de la couleur du fond. Sur un fond noir ou foncé, un stylo à encre opaque blanche ou métallisée permettra de conserver une bonne lisibilité.

2 Organisez vos commentaires en vous laissant guider par quelques questions simples. Quand ? Où ? Qui ? De quel événement s'agit-il ? Pourquoi ou comment a-t-il eu lieu ? Quel fait marquant ou anecdote y est associé ?

3 Écrivez une première fois votre texte au brouillon. Vous prendrez de l'assurance et vous pourrez aussi plus facilement estimer la place dont vous avez besoin.

Écrire droit

Si vous redoutez d'écrire à main levée, tracez des lignes légères au crayon à papier ou laissez-vous guider par un ruban adhésif repositionnable. Dans ce cas, si vous optez pour une écriture cursive, commencez 5 mm au-dessus de manière à avoir la place de tracer les jambages.

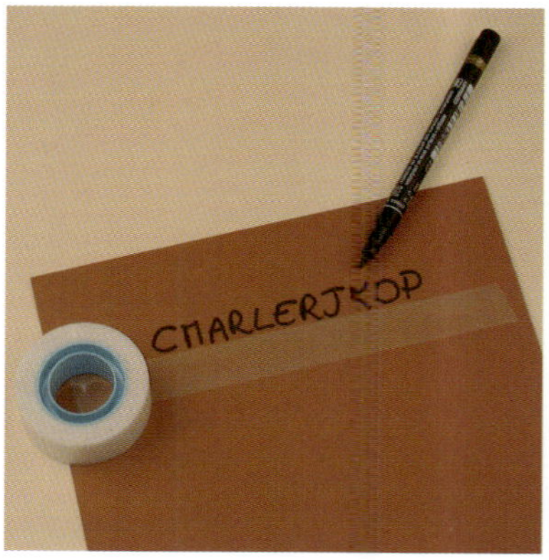

Bulles façon BD

En utilisant des bulles découpées dans du papier de couleur, on peut faire parler les personnages ou les animaux photographiés. On s'amuse ainsi à raconter une véritable histoire construite comme une bande dessinée.

Patrons à agrandir à la taille souhaitée.

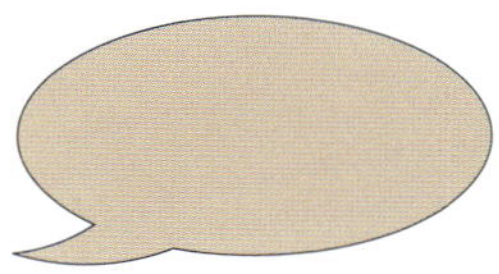

- Recoupez et disposez vos photos sur la page, dans l'ordre de lecture : de gauche à droite, de haut en bas. Détourez certains personnages pour rendre la page plus vivante (voir p. 38).
- Ajoutez des décors de papiers de couleur ou des éléments graphiques pour aider à « planter » le décor, ici le Far-West (cactus, tipi, frise découpée avec des ciseaux fantaisie).
- Découpez des bulles dans du papier de couleur à l'aide des patrons ou dessinez-en d'autres en vous inspirant de bandes dessinées. Faites varier leur forme en fonction du ton du dialogue.

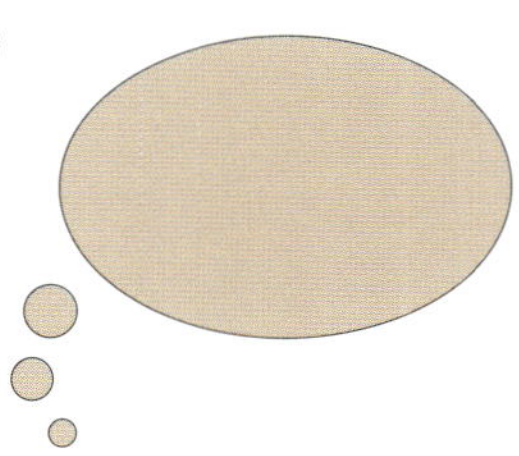

Texte en « habillage »

Laisser courir un texte le long des photos donne une légèreté à la présentation de la page. Cela souligne aussi les découpes, mêmes simples, des clichés, tout en mettant en valeur les anecdotes relatées.

- Coupez et disposez vos photos sur la page. Collez-les en prévoyant suffisamment de place autour pour les commentaires.
- Écrivez d'abord votre texte sur un papier de brouillon, de façon à visualiser l'espace qu'il occupe. Modifiez-le si nécessaire, afin qu'il épouse bien le contour des photos. Choisissez un stylo ou un feutre à pointe assez fine, et écrivez le plus naturellement possible sur la page d'album.
- Ici, un décor en papiers découpés figurant des poteaux d'amarrage et une gondole encadre le titre de la page et le met en valeur.

Jeu de transparence

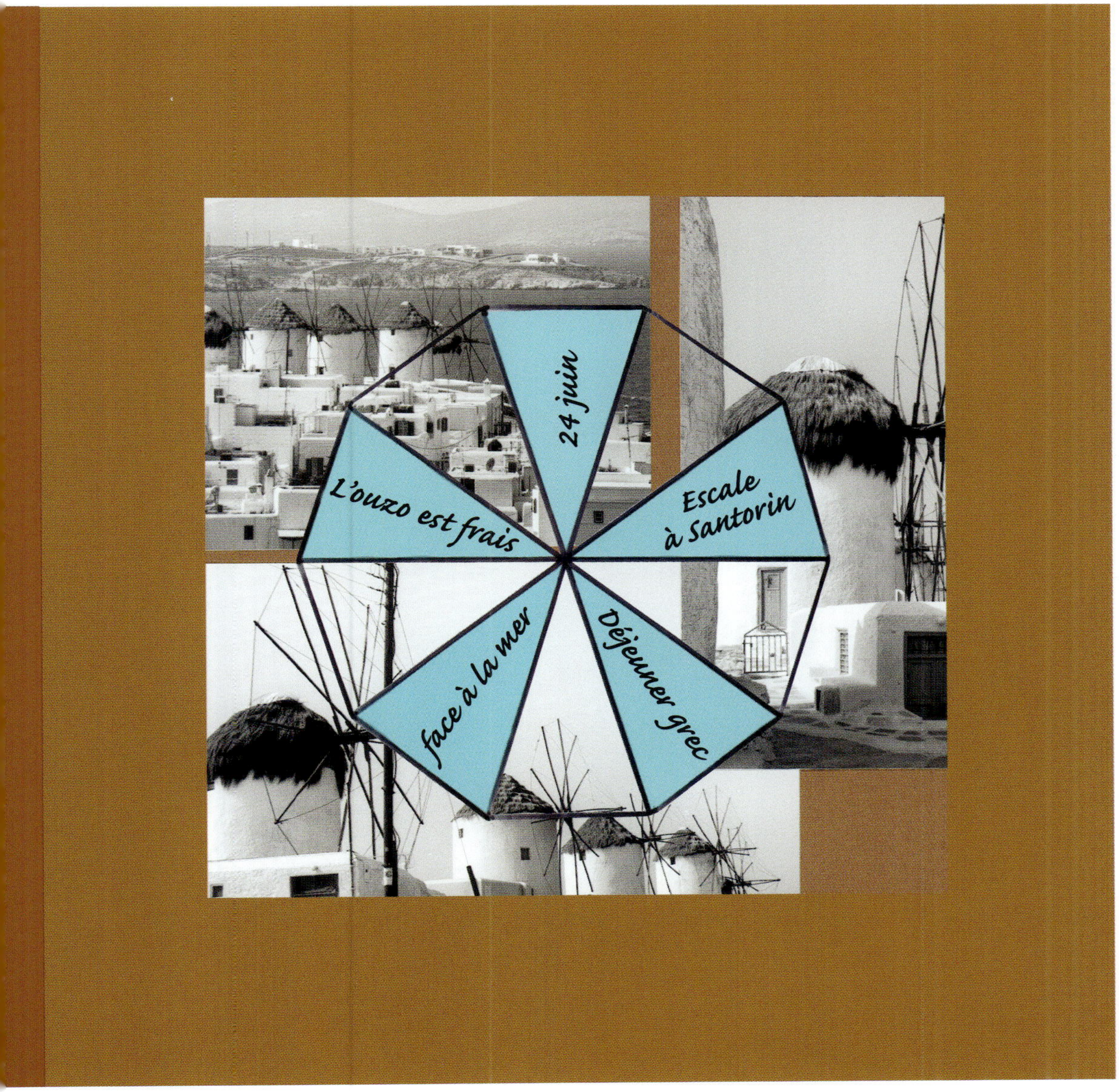

Une séquence de photos peut être introduite par une sorte de page de titre qui autorise une multitude de constructions visuelles, des plus simples aux plus élaborées. Ici une fenêtre a été découpée dans cette page et une feuille de cellophane sert de support au texte. On découvre partiellement la page suivante par transparence.

- Collez les premières photos sur une page de droite de votre album.
- Sur une seconde page, découpez une fenêtre de 20 cm de côté à l'aide d'une règle et d'un cutter. Sur l'envers, fixez un carré de cellophane transparent de 22 cm de côté environ avec de l'adhésif invisible.
- Ici, les ailes des moulins de Santorin ont été reconstituées. Une roue formée de 10 triangles a été tracée au feutre indélébile sur le cellophane à l'aide d'un pochoir triangulaire. Le texte a été écrit sur 5 triangles de papier, qui ont été ensuite collés sur l'envers avec des petits morceaux d'adhésif double-face.

Les perforatrices fantaisie

Grandes, moyennes, petites ou « mini »,
les perforatrices permettent de découper très facilement une multitude de figurines. N'hésitez pas à en jouer pour rendre vos compositions plus vivantes !

MATÉRIEL SPÉCIFIQUE

- Perforatrices de formes et de tailles variées
- Papiers de couleur
- Chutes de photos
- Pince à épiler

CONSEIL

Pour réussir la découpe du premier coup, appuyez sur la perforatrice retournée avec le plat de la main : vous aurez plus de force qu'avec le pouce ou l'index seul.

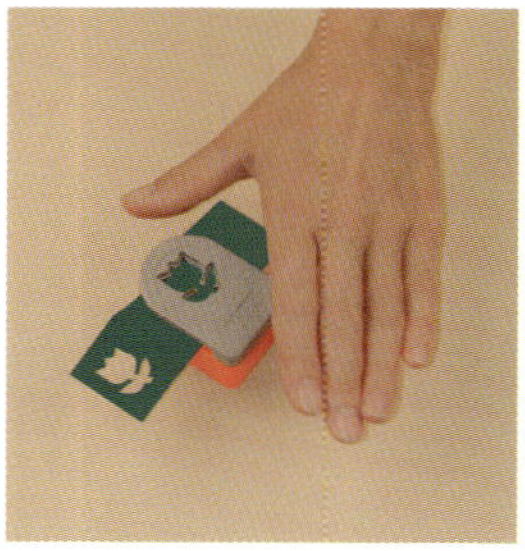

Bien utiliser les perforatrices

1 Si vous utilisez un papier imprimé ou une chute de photo, glissez-le dans la matrice de la perforatrice posée à l'envers sur le plan de travail. Orientez le motif vers vous de façon à bien faire apparaître le détail retenu dans la forme de découpe.

2 Manipulez les figurines les plus petites avec une pince à épiler. Pour les coller, utilisez de préférence de l'adhésif double-face prédécoupé en languettes de 1 mm ou en mini pastilles. Vous réaliserez ainsi des collages plus soignés.

Astuce

Collez du ruban adhésif double-face au dos du papier avant de le perforer : vous obtiendrez des autocollants.

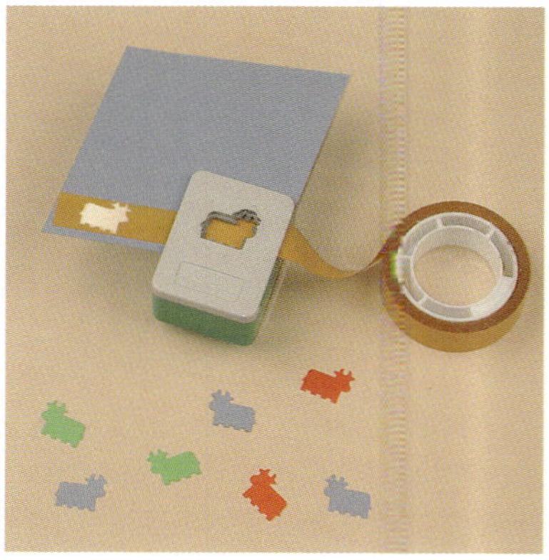

Assemblage de formes

Ronds et spirales découpés à l'aide de perforatrices fantaisie s'assemblent ici pour former une grappe de raisins aux couleurs des vendanges. Des motifs de feuilles, tantôt découpés, tantôt perforés, se répondent harmonieusement.

- Sélectionnez 3 papiers verts aux tons assortis. Perforez 3 dizaines de ronds, à l'aide de la perforatrice appropriée. Pour les imbriquer parfaitement, positionnez la perforatrice à cheval sur les découpes déjà effectuées de manière à obtenir des quartiers.
- Créez un jeu d'ombre et de lumière pour figurer le volume en disposant la nuance la plus claire sur le bord gauche. Quelques ronds coupés dans les chutes des photos donnent la valeur la plus sombre. Dessinez puis découpez les feuilles de la grappe à la main. Tracez les nervures au stylo doré. Disposez des spirales ici et là pour imiter les vrilles de la vigne. Des motifs de feuilles perforés et collés autour des photos complètent le décor.

Autour d'un thème

Cette mise en page amusante permet de présenter plusieurs photos du même bébé. Le thème de la chenille et la fraîcheur des images sont ici mis en valeur par un décor printanier de fleurettes et de papillons.

- Découpez les photos choisies à l'aide des pochoirs ronds (voir p.19). Collez-les en plaçant en-dessous des petites bandes noires pour les pattes. Ajoutez 4 petits ronds perforés dans des chutes pour terminer la chenille. Dessinez les antennes au feutre noir.
- Choisissez 4 ou 5 papiers aux couleurs acidulées. Découpez des fleurs à l'aide de différentes perforatrices fantaisie. Assemblez les formes pour créer d'autres motifs. Coupez des soleils perforés en deux pour figurer les touffes d'herbe.
- Disposez des papillons en les concentrant surtout vers le haut. Ajoutez quelques spirales pour donner l'impression qu'ils virevoltent.

Jeux de figurines

Les perforatrices s'utilisent à l'infini. Que vous utilisiez des chutes de photos ou des papiers de couleur, voici différentes manières d'en tirer parti. Inspirez-vous de ces propositions pour agrémenter vos mises en pages.

- **Positif et négatif** : La perforation est aussi intéressante que la figurine qui se détache.
- **Fond rapporté** : Perforez aussi vos chutes de photos et jouez avec les contrastes. Superposez une figurine sur un carré de papier ou glissez un papier sous un carré perforé.
- **Double perforation** : Perforez avec la petite perforatrice, puis placez le papier dans la grande, en prenant soin de centrer le sujet dans la forme de découpe.
- **Bordure de page** : Sur une bande de papier, indiquez l'emplacement souhaité pour chaque figurine. Perforez en alignant la perforatrice (tenue à l'envers) avec les repères.
- **Compositions** : Associez les figurines pour créer de nouvelles formes : flocons, fleurs…

Les bordures de page

MATÉRIEL SPÉCIFIQUE

Papiers de couleur non acides

Ciseaux fantaisie de divers modèles

Perforatrices de formes et de tailles variées

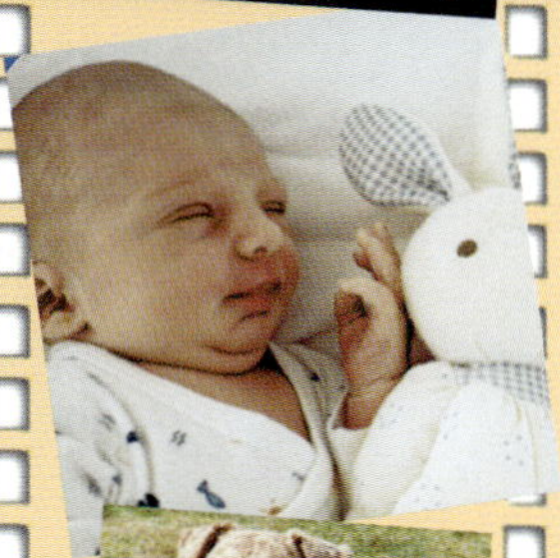

CONSEIL

Veillez à ce que les couleurs des papiers choisis rehaussent l'image, plutôt qu'elles ne l'écrasent par leur trop forte présence.

Il arrive parfois qu'une photo que l'on trouve particulièrement réussie se suffise à elle-même pour animer une page. On peut alors décorer la bordure de cette dernière en construisant un encadrement coloré.

Construire une bordure de page

1 Choisissez au maximum 3 ou 4 couleurs de papier assorties, en reprenant au moins l'une des couleurs de la photo pour créer un rappel visuel.

2 Selon la bordure envisagée, découpez les éléments de papier avec des ciseaux fantaisie, des ciseaux droits ou le massicot. Construisez votre motif en vous « appuyant » sur le bord extérieur de votre page d'album. L'espace laissé vide au centre accueillera la photo.

3 Pour une finition parfaite, vous pouvez aussi coller votre photo sur un ou plusieurs papiers de fond superposés de mêmes couleurs que celles de la bordure de manière à créer un effet de passe-partout (voir page. 79).

Choisir les couleurs

Présentez des échantillons de papier sous votre photo : cela vous permettra de définir plus facilement les teintes qui s'harmonisent le mieux avec elle.

Effet d'écossais

La simplicité de la photo centrale est dynamisée par un entrecroisement faussement désordonné de bandelettes colorées. Un résultat spectaculaire pour un montage facile à réaliser !

Variante avec tissage régulier

- Sélectionnez 3 ou 4 couleurs de papier en harmonie avec la photo. Au massicot ou à l'aide d'un cutter de précision, découpez 4 à 8 bandelettes de 5 mm de large dans chaque papier.
- Collez la photo au centre de la page. Autour, disposez les bandelettes en les enchevêtrant, à la façon d'un tissage irrégulier. Équilibrez la composition selon les couleurs en laissant environ 3 cm autour de la photo.
- Collez les bandelettes telles qu'elles ont été agencées en posant des morceaux de 1 mm d'adhésif double-face prélevés sur une lame de ciseaux (3 ou 4 morceaux par bandelettes suffisent). Éventuellement, glissez d'autres bandelettes dans les espaces restés libres.

Habiller les angles

Les découpes arrondies sont tout indiquées pour mettre en valeur la photo d'un bébé à sa naissance. Les motifs de cœurs et de nounours l'entourent avec tendresse.

- Si les couleurs de votre photo sont neutres, choisissez 3 couleurs vives et complémentaires.
- Collez la photo arrondie sur un rond de papier bleu de 5 cm de diamètre plus grand que cette dernière. Au dos, divisez le rond en 8 parts égales à l'aide d'un rapporteur ou d'une équerre.
- Perforez cœurs et nounours en alternance sur les repères. Collez le montage sur un rond jaune légèrement plus petit, puis sur un rond rouge de 8 mm de diamètre plus grand.
- Pour les angles, faites le même montage en remplaçant la photo par un rond jaune perforé de 4 cœurs, puis coupez-le en quatre quarts égaux au massicot. Aux ciseaux, coupez 4 bandes ondulées de 3 mm de large. Collez tous les éléments. Ajoutez quelques figurines.

Encadrer une page

Évoquant les cristaux des géodes minérales, cette bordure composée de chutes de papiers colorés encadre élégamment la photo. Par leur forme et leur couleur, les triangles roses répondent en écho à la chemise d'un des personnages.

- Disposez des petites chutes triangulaires de papiers tout autour de la page, pointes vers l'intérieur, sans les encoller complètement côté extérieur et sans vous souciez de leur alignement.
- Glissez délicatement un morceau de cartonnette sous les chutes de papier. Coupez droit à l'aide d'un cutter de précision et d'une règle métallique. Renouvelez cette opération sur les 3 autres côtés en posant la règle à la même distance du bord de la page.
- « Encadrez » la photo selon la technique des papiers de fond superposés (voir p. 34).

Tableaux de mesures des rectangles pour les mosaïques parsemées expliquées p. 64

Longueur des rectangles avec des intervalles de 2 mm

Pour des carrés de	Nombre de carrés correspondant au rectangle				
	2 carrés	3 carrés	4 carrés	5 carrés	6 carrés
2 cm	4,2 cm	6,4 cm	8,6 cm	10,8 cm	13 cm
2,5 cm	5,2 cm	7,9 cm	10,6 cm	13,3 cm	16 cm
3 cm	6,2 cm	9,4 cm	12,6 cm	15,8 cm	19 cm
3,5 cm	7,2 cm	10,9 cm	14,6 cm	18,3 cm	22 cm

Longueur des rectangles avec des intervalles de 3 mm

Pour des carrés de	Nombre de carrés correspondant au rectangle				
	2 carrés	3 carrés	4 carrés	5 carrés	6 carrés
2 cm	4,3 cm	6,6 cm	8,9 cm	11,2 cm	13,5 cm
2,5 cm	5,3 cm	8,1 cm	10,9 cm	13,7 cm	16,5 cm
3 cm	6,3 cm	9,6 cm	12,9 cm	16,2 cm	19,5 cm
3,5 cm	7,3 cm	11,1 cm	14,9 cm	18,7 cm	22,5 cm